COLLECTION
CHRONOLOGIQUE
DES ACTES ET DES TITRES
DE NORMANDIE,

Concernant l'histoire, les familles nobles et les fiefs des trois généralités de cette province, depuis le onzieme siecle jusqu'à nos jours;

Par Dom J. L. LE NOIR,

Religieux Bénédictin de l'abbaye de Saint-Germain-des-Prés, congrégation de Saint-Maur, associé de l'académie royale des belles-lettres de Caen.

PROSPECTUS.

L'ouvrage que j'offre au public est le fruit du travail le plus constamment suivi pendant près de trente ans. Seul et sans aucun aide, parceque je n'ai voulu m'associer personne, j'ai déchiffré, copié, ou analysé plus de cent trente mille titres, et je les ai disposés par ordre chronologique.

Je n'entrerai point dans le détail des peines qu'un travail aussi aride et aussi sec a dû me coûter : si le résultat en est aussi utile que je suis fondé à le croire, je serai bien dédommagé de mes travaux. Mais je crois devoir faire connoître les motifs qui m'ont déterminé à l'entreprendre, la nature des actes et des titres qu'il renferme plus particulièrement, et la marche que j'ai suivie.

Chargé, en 1758, de travailler à une histoire générale de la province de Normandie, je lus avec beaucoup d'attention ce qu'il y avoit déja eu d'imprimé sur l'histoire de cette province dans les historiens de Normandie par Duchesne, dans les histoires de France et d'Angle-

A

terre, dans l'histoire de Dumoulin, curé de Manneval, dans celle de Masseville, et autres ; et le résultat de ces lectures fut de me convaincre que les grands faits, les faits vraiment intéressants, dont cette province avoit été le théâtre, étoient connus et avoient été déja publiés ; que toutes mes recherches n'aboutiroient qu'à me faire découvrir quelques légeres circonstances et quelques détails peu essentiels qui auroient peut-être échappé aux historiens, ou dont ils auroient négligé de nous instruire ; qu'on pouvoit, si on le jugeoit à propos, les consigner dans quelque écrit ou dissertation particuliere ; qu'il n'étoit pas nécessaire de composer pour cela une histoire générale, toujours trop volumineuse dès qu'elle ne contient rien de neuf.

D'ailleurs, me dis-je à moi-même, qui sont ceux qui desirent le plus ardemment de voir paroître une nouvelle histoire de Normandie? Ce sont principalement des gentilshommes qui sont dans le cas de faire leurs preuves, ou des propriétaires qui ont des droits à constater, des héritages à conserver et à défendre. Les uns et les autres se persuadent que s'il existoit une bonne histoire de Normandie, ils y trouveroient tous les renseignements dont ils ont besoin. Ils ne font pas réflexion qu'une histoire générale ne comporte point ces sortes de détails. Ce n'est donc pas l'histoire qu'ils demandent : ce sont les titres, et particulièrement ceux qui peuvent servir à prouver leurs généalogies et à constater leurs propriétés. Donnons-leur ces titres. Donnons aussi tous ceux que nous pourrons recueillir concernant l'histoire générale et particuliere de la province, son commerce, ses monnoies, ses poids et mesures, etc. Faisons-les imprimer, avec des tables sous tous les rapports possibles à la fin de chaque volume, et ne doutons pas alors que nous n'ayons fait un bon ouvrage, un ouvrage vraiment utile, et plus utile que l'histoire même.

Ces réflexions me firent renoncer à mon premier projet. La nouvelle carriere qui alloit s'ouvrir devant moi n'étoit ni moins longue, ni moins pénible à parcourir ; mais il me parut que ce genre de travail n'exigeoit pas des talents aussi universels et aussi brillants que ceux qui sont requis pour faire un bon historien. Je crus qu'avec beaucoup de patience et de courage, un grand amour du bien public , du bon sens et de l'intelligence , une assez grande habitude de lire les anciennes écritures , une connoissance suffisante des noms des lieux et des familles de la province , je pourrois réussir dans ce genre de travail. Je ne pouvois me dissimuler à moi-même que j'avois toutes ces qualités dans le degré nécessaire pour exécuter ce vaste projet avec quelque succès. Cela me détermina ; et sans y réfléchir davantage, j'entrai dans la carriere immense qui m'étoit offerte.

J'avois déja fait le dépouillement de quelques archives des abbayes de la province, et j'avois tiré d'excellentes choses de la bibliotheque du Roi, lorsque l'idée me vint de tenter de pénétrer dans la chambre des comptes de Paris. Je savois que la province de Normandie avoit été du ressort de cette chambre jusqu'en 1580, et qu'elle possédoit tous les titres de la province jusqu'à cette époque, qui est celle de l'établissement d'une chambre des comptes à Rouen. Je résolus en conséquence de m'y transporter, persuadé que je ne trouverois nulle part un aussi riche dépôt, et que lui seul peut-être pourroit me tenir lieu de beaucoup d'autres.

Je ne me trompai pas, et j'eus bien lieu de m'en féliciter. MM. Nicolaï, pere et fils, successivement premiers présidents, et tous messieurs de la chambre, me firent l'accueil le plus favorable ; ils me donnerent toutes les facilités que je pouvois desirer pour faire mes recherches aussi long-temps et aussi complétement que je le jugerois à propos. Ils le firent avec tant de politesse et tant d'honnêteté, que je ne puis assez les en remercier, et que je saisis avec empressement cette occasion de leur en témoigner ma reconnoissance.

J'y entrai en 1763, et je n'en suis sorti qu'en 1786. Pendant tout ce tems, je n'ai cessé d'y aller travailler huit à neuf heures par jour, l'hiver et l'été. J'y ai recueilli plus de cent trente mille titres, y compris ceux de la chambre des comptes de Rouen, qui, par un événement fâcheux pour la province, mais favorable pour moi, furent transportés à Paris en 1772. Prévoyant bien qu'on ne tarderoit pas à les reporter à Rouen, comme il arriva en effet, je me donnai tout entier à ces nouveaux titres, et j'eus le temps d'en extraire ou analyser la plus grande partie. Il est résulté de-là une collection immense, dont j'offre de faire part au public : elle contiendra une infinité d'actes et de titres de toute espece, depuis le onzieme siecle jusqu'au dix-huitieme inclusivement.

Ces actes et ces titres sont des chartres et lettres-patentes portant concession ou confirmation de priviléges, franchises et libertés de la province en général, et de ses villes principales ; les dons faits par nos ducs et nos rois à des corps ecclésiastiques, à différents seigneurs, et à des particuliers même, pour récompense de services ; une infinité d'actes de foi et hommage, d'aveux et dénombrements faits et rendus au roi ; des informations de gardenoble sur l'âge, la famille et les biens des mineurs ; des provisions d'offices, des quittances d'appointements, des lettres d'anoblissement, des comptes de ban et d'arriereban ; des érections de rotures en fiefs nobles, de simples fiefs en châtellenies, baronnies, comtés, marquisats, duchés et duchés-pairies ; des aliénations du domaine de la couronne ; des concessions de fiefs et héritages à titre de fiefs-fermes, ou autrement ; des appels de sentences à une jurisdiction supérieure ; des rôles d'amendes ; des enquêtes juridiques sur le commerce qui se faisoit anciennement dans la province, sur la valeur et le prix des terres et des denrées dans tous les temps, sur les salaires et les gages des ouvriers et mercenaires, sur les poids et les mesures, et sur l'état déplorable où les guerres en certains temps avoient réduit la province ; enfin, des milliers de titres des rois d'Angleterre, particulièrement de Henri V et de Henri VI, depuis l'an 1417, que Henri V fit la conquête de la Normandie, jusqu'en 1450, que les Anglois furent contraints d'évacuer la province ; titres dans lesquels on verra quelles furent les familles de Normandie qui, en cette occasion, abandonnerent tout ce qu'elles possédoient pour rester fideles à Charles VII, combien le nombre en fut prodigieux, et quels furent les Normands et les Anglois à qui les rois d'Angleterre donnerent les biens confisqués, et conférerent le différentes charges et divers offices de la province ; combien ces princes, quoique conquérants, furent attentifs à conserver aux Normands leurs droits et priviléges.

Cette immense collection sera donc d'une utilité générale pour tous les états et toutes les conditions.

Les évêques et leurs chapitres, les abbés, prieurs et

(5)

religieux, tous les bénéficiers, y trouveront leurs chartres
de fondation et de dotation ; les confirmations qui leur
ont été faites postérieurement de toutes leurs possessions,
de leurs droits utiles et honorifiques ; les serments de fidé-
lité qu'ils ont faits au roi, les aveux et dénombrements
qu'ils lui ont rendus de leur temporel.

Le gentilhomme d'ancienne extraction y trouvera des
renseignements précieux, qu'il chercheroit inutilement
ailleurs, sur l'antiquité et les services de sa maison. Souvent même il y trouvera, lorsque le recueil sera complet,
un nombre suffisant de titres pour faire sa généalogie.

Le propriétaire de fiefs, terres et seigneuries, apprendra
quelle fut l'origine de son fief, par quelles mains il a passé
depuis les premiers temps jusqu'à nos jours ; pourquoi et
comment il est passé d'une main dans une autre, si c'est
par succession, donation, acquisition ou autrement ;
quelle est son étendue, ses droits honorifiques et utiles ;
quels changements il a subis dans la succession des temps,
quels fiefs y ont été réunis ; comment il est passé de la
qualité de roture à celle de fief, de celle de simple fief à
la dignité de châtellenie, de baronnie, de comté, de mar-
quisat, etc. ou s'il a été fief de dignité dès son origine.

Tous les propriétaires puiseront dans cet ouvrage mille
connoissances qui les mettront en état de répondre aux
subtilités de la chicane et de se maintenir dans leurs droits
et leurs propriétés. Les magistrats et tous les officiers de
justice s'en serviront avec utilité pour se guider dans leurs
jugements, et rendre à chacun ce qui lui appartient ; les
avocats et les procureurs pour défendre les droits de leurs
clients, ou les dissuader de poursuivre un procès qu'ils
perdroient infailliblement. L'historiographe, le généalogiste, le géographe, et autres littérateurs, ne le consulte-
ront point inutilement : ils y trouveront des points d'histoire curieux et intéressants, des généalogies authentiques,
et un état des fiefs de la province le plus complet et le plus
détaillé qu'il soit possible de desirer.

Enfin cette collection sera un trésor, même pour les
chambres des comptes de Paris et de Rouen. Elle fera connoître à celle de Paris environ cinquante mille titres concernant la Normandie, dont elle n'a aucun inventaire et
qui lui sont totalement inconnus, et à celle de Rouen
plus de cent mille qui la regardent spécialement, qui ne

sont point en sa possession, et dont je lui donnerai d'amples analyses, et quelquefois des copies entieres. De plus, l'une et l'autre chambre y trouvera des tables, non seulement des fiefs dont il a été fait hommage au roi, et dont on lui a rendu aveu, à quoi se bornent leurs inventaires actuels, mais encore des arriere-fiefs, et des personnes dont il est fait mention dans leurs titres, ce qui leur manque et les met souvent dans l'impossibilité de satisfaire ceux qui vont y chercher des renseignements sur leurs familles et sur leurs fiefs.

Tel est l'important ouvrage qui m'occupe depuis près de trente ans. J'ose dire qu'il seroit à desirer que l'on en fit autant pour toutes les autres provinces. En effet, si l'on a pu dire (*) que le projet de la collection des historiens de France étoit le plus important qui pût être proposé pour la gloire de nos souverains et le plus intéressant pour notre nation, ne peut-on pas le dire aussi, et peut-être avec plus de fondement, d'une collection générale de tous les titres du royaume ? Qu'il me soit permis d'entrer à ce sujet dans quelques détails, de faire sentir l'utilité de cette entreprise, et d'exposer ici les observations que j'ai faites sur les moyens d'en faciliter et abréger l'exécution. Ce sera en même temps indiquer la marche que j'ai suivie et les moyens dont je me suis servi.

En général, rien n'est plus utile et plus nécessaire que les titres. Ils sont la source la plus pure des faits historiques, ils en sont la preuve la plus incontestable ; ils sont la sauve-garde la plus sûre et le fondement le plus solide de nos droits et de nos propriétés, de notre état et de notre condition.

Demandez aux vrais savans quelles sont les histoires dont ils font le plus de cas. Ils vous répondront que ce sont celles qui sont appuyées sur un plus grand nombre de titres authentiques et originaux ; que ce qu'ils estiment le plus dans nos histoires, ce sont les pieces justificatives, et qu'ils regrettent toujours que l'auteur n'en ait pas fait imprimer davantage ; que l'histoire sera toujours incomplete et défectueuse tant que nous n'aurons pas une collection générale de nos titres ; que les historiens, même contemporains, se trompent souvent, et qu'ils accréditent des bruits vagues, populaires et incertains ; que les titres

(*) Préf. de la collect. des histor. de France.

originaux méritent toujours la plus grande confiance.

Entrez dans les tribunaux de la justice, vous y verrez tout se décider par l'autorité des titres. Cet avocat, le plus éloquent du barreau, vient de faire en faveur de son client le plaidoyer le plus victorieux en apparence : rien de plus spécieux que tout ce qu'il a dit ; il a été universellement applaudi. Son adversaire se leve : il parle peu, mais il produit un titre authentique et décisif ; dès lors il triomphe. Tout se tait devant le titre.

Transportez-vous au cabinet des ordres du roi, et chez les autres généalogistes de sa majesté. Vous y verrez une foule de gentilshommes qui tous aspirent aux honneurs de la cour, ou qui demandent à être admis dans les différents ordres de chevalerie, ou à faire entrer leurs enfants dans les maisons des princes, à l'école militaire, à Saint-Cyr, dans quelque chapitre noble. Ni la protection, ni les richesses, ni les places éminentes qu'ils occupent dans l'état, ne leur suffiront pas pour atteindre leur but : il leur faut une longue suite de titres authentiques, qui prouve que leur maison a l'antiquité de noblesse requise par les ordonnances et les réglements. Si le généalogiste, après avoir examiné leurs preuves, y découvre quelques défauts, quelques lacunes, il leur refuse son certificat, et il le doit. Sortis de chez lui, quels mouvements ne se donnent-ils pas pour déterrer ces titres qui leur manquent ! Ils ne croiroient jamais assez récompenser ceux qui leur fourniroient ou au moins leur indiqueroient ces précieux titres.

Rien n'est donc plus important, rien n'est plus nécessaire que les titres ; mais aussi rien n'est plus fragile, rien qui s'égare et qui se détruise plus facilement. Les pertes que nous avons faites en ce genre sont immenses. Combien les guerres civiles et autres, dont la France a été si souvent le théâtre, n'en ont-elles pas fait périr ? Combien les flammes n'en ont-elles pas consumé ? Quels ravages ne font pas souvent dans les archives, soit publiques, soit particulieres, la négligence, et quelquefois l'infidélité et la cupidité des préposés à la garde de ces trésors ? Enfin, combien de milliers de titres, encore existants aujourd'hui dans nos dépôts publics, y sont comme s'ils n'y étoient pas ? Ils sont entassés les uns sur les autres, sans aucun ordre ; on n'en a point d'inventaires ; ou ils sont si imparfaits, que le plus souvent ils ne peuvent être d'aucun secours.

Instruits par une expérience si funeste, ne négligeons donc pas le seul moyen que nous ayons de préserver ce qui nous reste de toutes ces causes fatales de destruction, auxquelles il est journellement exposé. Faisons recueillir exactement tous les titres qui existent encore aujourd'hui dans les différentes archives du royaume, et faisons-les imprimer : ce sera un moyen infaillible de les conserver sains et entiers, et de les transmettre sans aucune altération jusqu'à la postérité la plus reculée.

Les gentilshommes, entre autres, non seulement trouveroient dans cette collection un grand nombre de titres de famille qui leur sont inconnus, mais encore ils ne seroient plus exposés à perdre ceux qui sont aujourd'hui en leur possession. Combien y en a-t-il dont les ancêtres ont fait leurs preuves entre les mains des généalogistes ou commissaires du roi il y a quatre cents ans, plus ou moins, qui n'ont plus les titres qui furent produits alors ? Une héritiere de la branche aînée les a portés dans une famille étrangere et fort éloignée. On ne sait ce qu'ils sont devenus : la négligence de ceux qui les avoient en leur possession, le feu ou autres accidents, les ont fait périr. Rien n'est plus fâcheux pour le gentilhomme qui se trouve dans ce cas. La collection imprimée, que je propose ici, préviendroit ces pertes.

De plus, à quelles épreuves n'est pas exposé le généalogiste ! Des personnes puissantes le sollicitent de donner son certificat, et peut-être lui font envisager une récompense proportionnée au service qu'il va rendre. S'il est inébranlable, on le traduit dans le public comme un ignorant, ou comme un homme partial et de mauvaise volonté. Le gentilhomme lui-même qui réussit à faire sa preuve, n'est pas à l'abri des jaloux et des envieux. On prétend bien connoître sa famille et être en état de prouver qu'il n'a pas à beaucoup près l'antiquité requise. On entend tous les jours tenir de semblables discours. Cela n'auroit pas lieu si les preuves étoient rendues publiques. Le généalogiste n'auroit garde de se laisser tenter, et on ne pourroit l'en soupçonner. Souvent même celui qui n'y auroit pas réussi, gagneroit beaucoup à la publication de ses titres. On sait qu'il n'a pu parvenir à ce but si desiré : on soupçonne malignement qu'il en est fort éloigné. Si ses titres étoient connus, on verroit qu'il ne lui en a peut-être manqué aucun, et que tout a dépendu d'un léger défaut de formalité dans un de ses titres.

Mais qui aura le courage de se charger d'une entreprise aussi immense et aussi disgracieuse que celle de copier tous les titres du royaume? Quelle bibliothéque pourra contenir le nombre infini de volumes qui en résultera, et combien se trouvera-t-il de personnes en état d'en faire l'acquisition?

Je me suis fait cette objection, et il m'a paru qu'il étoit facile d'y répondre. Lorsqu'un fardeau est trop pesant pour être porté par un seul homme, et trop volumineux pour être placé dans un seul lieu, on le divise et subdivise en autant de parties qu'il est nécessaire pour pouvoir le porter facilement et le placer commodément. C'est le parti qu'il faudroit prendre par rapport à la collection générale des titres.

Pour réussir dans cette entreprise, il faudroit premièrement partager le travail en autant de portions qu'il y a de provinces ou même de généralités dans le royaume, et que chaque généralité se chargeât de faire recueillir ses titres. Le travail ainsi partagé en seroit moins pénible, on en verroit la fin beaucoup plutôt; et ceux qui ne voudroient ou qui ne pourroient pas faire l'acquisition du tout, se borneroient, s'ils le jugeoient à propos, au recueil de leur province ou de leur généralité.

Il faudroit en second lieu charger de ce travail des sujets vraiment capables. Il ne faut pas s'imaginer que des copistes ordinaires puissent bien s'en tirer. Il faut que ceux qui s'en chargeront aient fait de bonnes études, et qu'ils soient parfaitement versés dans la lecture des anciens titres, soit latins, soit françois, et fort au fait de l'ancien langage; il faut même qu'ils soient suffisamment instruits de l'histoire, des loix et des coutumes du pays dont ils recueilleront les titres, et sur-tout des noms des lieux et des personnes: sans cela leurs copies seront nécessairement remplies de fautes; les noms propres y seront tellement altérés que l'on n'y connoîtra rien. D'ailleurs il ne faudra pas toujours copier, comme nous le dirons dans un instant; il faudra le plus souvent faire l'analyse des titres. Or, l'analyse d'un titre qui souvent est très long et très compliqué, n'est pas une chose facile à faire.

Il seroit donc à propos que dans chaque généralité on fît choix d'une ou deux personnes telles que nous venons de dire, qui fussent assez désintéressées et assez animées de l'amour du bien public pour n'en exiger que les frais modiques qui seroient nécessaires pour se transporter d'un lieu à un autre, et emprunter quelquefois la main d'un copiste mercenaire. Ces personnes, qui ne se proposeroient d'autre but que de rendre un service important à leurs concitoyens, se trouveroient assez récompensées par la gloire qui leur reviendroit d'avoir donné au public un ouvrage vraiment utile, et même nécessaire.

Je ne voudrois pas qu'elles fussent obligées d'envoyer leur travail à un bureau, ou comité quelconque, pour y être rédigé et imprimé par le bureau. L'on n'auroit alors que des travailleurs et des ouvriers dont le zele se ralentiroit bientôt. L'ouvrage n'en seroit pas mieux fait, et n'auroit peut-être jamais lieu. Il faut qu'il en soit de cet ouvrage comme de tous les autres, qu'il paroisse et soit imprimé sous le nom et au profit de l'auteur, ou, si la province le fait imprimer à ses frais, qu'il en partage le bénéfice avec elle. C'est la seule récompense digne d'un littérateur estimable, et la seule qui puisse lui faire supporter avec courage les peines et les dégoûts inséparables d'un travail aussi aride et aussi sec que celui de copier des titres.

Je ne pense pas cependant qu'il soit nécessaire de copier en entier toute espece de titre. On n'en finiroit jamais, et l'ouvrage seroit beaucoup trop volumineux. A quoi serviroit, par exemple, de transcrire en entier la plupart des lettres-patentes? Elles commencent toutes et finissent à peu près de même : c'est toujours, *Louis* (ou autre), *par la grace de Dieu, roi de France et de Navarre, à nos amés et féaux les gens tenant notre cour de parlement* (ou autre cour), *salut et dilection. Savoir vous faisons, etc. Si donnons en mandement, etc.* Tout cela est de formule ordinaire, inutile et fastidieux à copier sans cesse. Je dirois simplement, Lettres-patentes données en tel lieu, tel jour, tel mois, telle année, par lesquelles le roi ordonne telle et telle chose; et je ferois entrer dans mon extrait tout ce que le titre contiendroit d'essentiel. Je me servirois pour cela des termes mêmes du titre; je n'en retrancherois que ce qui seroit totalement inutile, afin que mon extrait pût en tout temps tenir lieu du titre original.

Un simple énoncé de la piece seroit insuffisant si l'original venoit à périr. L'inventaire du trésor des chartres est quelque chose de plus qu'un simple inventaire : mais il n'entre presque jamais dans un assez grand détail, parceque les auteurs ne se sont, sans doute, proposé d'autre but que de guider le garde du trésor dans ses recherches. Les articles suivants, par exemple, ne nous suffiroient pas à beaucoup près.

« Concile tenu à Lillebonne, l'an 1080, l'an huitieme
« du pontificat de Grégoire VII, le vingtieme du regne
« de Philippe premier, en présence de Guillaume le con-
« quérant, roi d'Angleterre, de l'archevêque de Rouen,
« des évêques, abbés, comtes et principaux seigneurs
« de Normandie. »

Si ce concile n'étoit pas imprimé dans les conciles de Normandie et ailleurs, cet article de l'inventaire seroit à peu près inutile, au cas où le trésor des chartres viendroit à être incendié ou à être détruit de quelque autre maniere. Ce sont là de ces titres qu'il faut donner en entier, lorsqu'ils ne sont pas imprimés ; et lorsqu'ils le sont, il faut renvoyer à l'imprimé, les collationner l'un avec l'autre, et s'il y a des variantes, les marquer dans l'extrait que l'on en fait.

Il en est de même de la promesse faite en 1339, par les gentilshommes et autres habitants de Normandie, de secourir le roi, en la conquête d'Angleterre, de quatre mille hommes d'armes et vingt mille hommes de pied, l'espace de dix semaines. Il y a cinquante de ces gentilshommes nommés dans l'acte, et l'inventaire du trésor des chartres n'en désigne que douze ou treize. De tels extraits ne peuvent guere servir qu'à celui qui a la garde du trésor. Quand il seroit aussi facile qu'il est difficile d'y pénétrer, un littérateur qui s'occuperoit de l'histoire de Normandie quittera-t-il à tout moment son cabinet pour aller consulter les originaux, ou s'en fera-t-il délivrer des copies qui lui coûteront très cher ? D'ailleurs, si le trésor des chartres venoit à être détruit ou dissipé, à quoi serviroient des extraits aussi succincts, sinon à nous en faire regretter la perte ? Il ne falloit pas simplement nous donner les noms de quelques uns de ces chevaliers, écuyers et bacheliers ; il falloit les nommer tous, et nous donner les conventions de cet accord.

Je voudrois donc que ceux qui entreprendroient de faire le dépouillement d'un dépôt quelconque, ne perdissent jamais de vue que les extraits que l'on attend d'eux doivent être tels qu'ils contiennent tout ce qu'il y a d'essentiel dans les titres, qu'ils en comprennent toute la substance. Je voudrois que leurs extraits fussent composés des termes mêmes employés dans les titres ; que non seulement ils en conservassent le langage, mais encore l'orthographe. Si vous faites parler et écrire ceux qui vivoient dans les treizieme, quatorzieme, quinzieme et seizieme siecles, comme on parle et on écrit aujourd'hui, je n'ai pas dans votre extrait la même confiance que j'aurois si vous m'aviez parlé le langage du temps. Je crains que les mots que vous avez substitués à ceux du titre n'en aient altéré le sens, qu'ils n'en aient diminué ou augmenté la force.

S'il s'agit de titres latins, il est souvent plus à propos de les copier en entier que d'en faire l'extrait ; mais dans ce cas il seroit bon de mettre en tête de la copie un petit sommaire ou énoncé en françois de ce que le titre contient, afin que ceux auxquels le latin n'est pas familier aient recours à un interprete, s'ils soupçonnent que ce titre puisse leur être utile. Cependant rien n'empêche de faire en langue françoise d'amples extraits des titres latins: mais alors il faudroit avoir l'attention d'insérer dans l'extrait les termes ou les phrases les plus essentielles du latin.

Quoi qu'il en soit de ce projet, vraiment utile, d'une collection générale de tous les titres de la France, j'ai essayé de l'exécuter, comme on a vu ci-devant, pour la province de Normandie, et la marche que je viens de tracer est celle que j'ai suivie exactement. Je n'ai pas, il est vrai, recueilli tous les titres de cette grande province ; il s'en faut beaucoup : je n'ai pas même épuisé entièrement le dépôt de la chambre des comptes de Rouen ; les foi et hommages, aveux et dénombrements du dix-huitieme siecle y sont encore à faire en grande partie. Cependant ma collection est déja immense, et telle qu'elle est elle sera de la plus grande utilité. C'est le jugement qu'en ont porté tous ceux qui la connoissent, et qui s'en sont déja servis avec avantage. Ils me pressent et me sollicitent depuis long-temps d'en faire part au public, sauf à y ajouter par la suite un supplément.

Je pense en effet qu'il est temps de m'en occuper. Je me

pourrois jamais finir cette grande entreprise, et tout ce que j'ai fait jusqu'ici resteroit dans la confusion où il est, et dont on auroit peine à le tirer après moi. D'ailleurs, un ouvrage tel que celui-ci, qui contient tant de titres de familles et de propriétés, ne peut manquer, quoiqu'incomplet, d'avoir du débit, sur-tout dans un siecle où l'on est occupé plus que jamais de la recherche de ses titres, et où l'on en sent toute l'importance. Je vais donc tenter la voie de la souscription ; et si elle me réussit, je commencerai dès l'instant à faire imprimer.

Mais dois-je craindre de manquer de souscripteurs ? Il y a tant de riches propriétaires en Normandie, et tant de gentilshommes, qui ont tous intérêt à se procurer cet ouvrage, qu'on ne peut guere former de doute à ce sujet. Le Roi, ou le ministre de la feuille de ses bénéfices, les économats, et les officiers de son domaine ; Monsieur, pour son duché d'Alencon et ses vicomtés de Falaise et d'Orbec ; M. le duc d'Orléans, pour son comté de Mortain, la vicomté de Roncheville, Saint-Sauveur-Lendelin, et autres terres ; M. le duc de Penthievre, pour ses comtés d'Eu, Gisors et Vernon ; MM. les ducs et pairs d'Elbeuf, d'Évreux, de Harcourt et de Coigny ; M. le duc et maréchal de Broglie ; M. le duc de Beuvron ; les maisons de Rohan, de Montmorenci, de Matignon et de Valentinois ; toute la haute noblesse, et même celle qui est moins ancienne, pour leurs généalogies, et pour toutes leurs possessions ; nosseigneurs les évêques et leurs chapitres ; MM. les abbés, prieurs et religieux ; tous les corps de la province, le parlement, les chambres des comptes de Paris et de Rouen, la cour des aides, les bureaux des finances, les assemblées provinciales des trois généralités ; MM. les intendants, leurs subdélégués et secrétaires ; les présidiaux, et autres jurisdictions ; les grandes bibliotheques, et les généalogistes de sa majesté ; les avocats et procureurs, et autres qui ont des bibliotheques communes : toutes ces personnes souscriront, j'en ai pour garant leurs propres intérêts.

Les étrangers même, sur-tout les Anglois, non moins attentifs que les François à tout ce qui peut contribuer à l'illustration de leur nom et à la conservation de la mémoire de leurs ancêtres, souscriront infailliblement pour un ouvrage de cette nature ; ils y trouveront des milliers de titres qui les regardent directement, et dont ils n'ont jamais eu de connoissance : car il ne faut pas s'imaginer que tous nos titres soient à la tour de Londres ; il y en a plus à la chambre des comptes de Paris, concernant la Normandie et les Anglois, qu'il n'y en a en Angleterre ; et ceux qui sont à la chambre sont plus intéressants et plus authentiques. Ce sont les originaux mêmes, revêtus de toutes les formalités juridiques, et envoyés avec l'attache de la chambre dans toutes les jurisdictions.

On objectera peut-être que cet ouvrage sera trop volumineux. Il le sera beaucoup en effet ; il sera même susceptible de suppléments à l'infini : car, comme je l'ai déja dit, je n'ai pas, à beaucoup près, recueilli tous les titres de la province, et il en paroît tous les jours de nouveaux. Mais plus on ajoutera à ma collection, plus elle sera utile. Pourroit-on s'en plaindre ? On ne s'est jamais plaint d'être trop riche.

D'ailleurs cette collection ne contiendra autre chose que des titres authentiques, qui ont tous un objet d'utilité. Faudra-t-il, pour la rendre moins volumineuse, en retrancher un quart, un tiers, ou la moitié ? Ce seroit bien mal entendre les intérêts du public. Tout ce que nous avons pu faire a été de ne donner le plus souvent que des extraits ou analyses de titres, et de n'y faire entrer que ce qui est essentiel. Nous n'y ajouterons ni commentaires ni réflexions, mais seulement quelques notes pour lever une difficulté de géographie, chronologie ou autre, et des tables à la fin de chaque volume, tant des matieres que des noms des lieux et des personnes, afin que chacun puisse y trouver facilement ce qu'il contiendra de relatif, à sa famille, à ses fiefs, terres et seigneuries, à tous les objets de sa curiosité. Cette collection ne sera donc volumineuse que parcequ'il est impossible de renfermer cent trente mille titres dans un petit nombre de volumes.

Il ne me reste plus qu'à témoigner ma reconnoissance à tous ceux qui ont bien voulu m'ouvrir leurs archives et me communiquer les richesses dont ils étoient en possession.

Les premiers et les principaux sont, sans contredit, MM. de la chambre des comptes de Paris. Je l'ai déja dit, mais je ne puis trop le répéter, je leur ai les plus grandes obligations. Je ne suis riche, pour ainsi dire, que de leurs richesses. Ils m'ont communiqué tout ce que je leur ai demandé; et ils l'ont fait avec tant d'honnêteté, qu'ils m'ont fait trouver du plaisir dans un travail qui, par lui-même, n'est pas propre à satisfaire l'esprit, ni à récréer l'imagination. Leurs commis mêmes, M. Domicile au dépôt des fiefs, et MM. Béatrix et Vanier au dépôt du greffe, ont pris un vif intérêt à mon travail, et me l'ont facilité autant qu'il a été en eux.

M. de Bréquigny, de l'académie françoise et de celle des inscriptions et belles-lettres, ce savant qui fait tant d'honneur à la province de Normandie par ses lumieres et ses immenses travaux littéraires, m'a communiqué fort obligeamment tout ce qu'il a rapporté d'Angleterre concernant cette province; ce qui me mettra en état de faire connoître ce qui est à Londres et ce qui n'y est pas, mais qui se trouve à la chambre des comptes de Paris.

Feu M. Bejot, de l'académie des inscriptions et belles-lettres, garde des manuscrits de la bibliotheque du roi, m'a ouvert cet immense et riche dépôt, et m'y a laissé puiser tout ce que j'ai voulu, ou plutôt tout ce que le temps m'a permis d'y puiser.

Enfin mes confreres des abbayes de Saint-Ouen de Rouen, de Fécamp, de Saint-Vandrille, de Jumieges, de Saint-Evroul, et de Saint-George de Boscherville, m'ont livré l'entrée de leurs archives. Ils n'ont point craint que la publicité que je me proposois de donner à leurs titres pût leur porter aucun préjudice : ils n'ont envisagé que l'avantage du public, et l'intérêt qu'ils avoient eux-mêmes de soustraire aux flammes et aux autres événements malheureux un bien aussi précieux et aussi fragile que des titres qu'ils pouvoient perdre pour toujours en un instant. Si je n'ai pas fait le dépouillement en entier de leurs archives, ainsi que de la bibliotheque du Roi, c'est que j'ai préféré les dépôts des chambres des comptes de Paris et de Rouen, comme contenant des titres plus intéressants pour l'histoire, la noblesse et les propriétés, et que ces chambres en contiennent une si grande abondance, que j'ai trouvé à m'y occuper pendant vingt-trois ans sans interruption et sans relâche.

Cette collection contiendra environ vingt-cinq volumes *in-fol.* de deux cents feuilles d'impression, à trente francs le volume, en feuilles. Nous ne demandons point que l'on nous fasse dans le moment présent aucune avance, mais seulement que l'on s'engage à prendre et payer le premier volume lorsqu'il paroîtra, et qu'alors l'on paie d'avance le volume suivant, et ainsi de suite tous les autres volumes.

Ces soumissions et souscriptions seront reçues chez Didot fils aîné, libraire, rue Dauphine, à Paris.

Aussitôt que nous aurons reçu le nombre suffisant de soumissions que nous croyons devoir exiger pour assurer la rentrée des sommes que nous avancerons pour l'impression du premier volume, nous commencerons à le faire imprimer. En cas de mort de l'auteur ou d'infirmité, la congrégation de Saint-Maur s'est engagée, par un écrit signé du supérieur général, et déposé entre les mains de M. Vidaud de la Tour, conseiller d'état, directeur de la librairie, à faire continuer l'ouvrage d'après les mémoires et recherches restés dans les porte-feuilles de l'auteur.

Les ports de lettres seront à la charge de ceux qui passeront leurs soumissions ou qui souscriront.

Nous prions instamment les personnes qui, dès ce moment-ci et par la suite, seroient tentées de nous écrire pour nous demander des renseignements sur leurs familles, sur leurs terres, &c. de ne pas trouver mauvais que nous ne répondions point à ces sortes de lettres, fussent-elles affranchies. L'impression de cet ouvrage nous occupera tellement, qu'il nous sera impossible de nous en distraire un seul instant.

Lu et approuvé le 20 février 1788. SUARD.

Vu l'appr. permis d'imprimer, le 22 février 1788. DE CROSNE.

De l'imprimerie de DIDOT L'AISÉ, rue Pavée.